Frank-Rudolf Pulz

Köche, Küchen, Sterne, und Gerüche
Das andere Küchenbuch

Mauer Verlag
Wilfried Kriese
72108 Rottenburg a/N
Buchgestaltung: Wilfried Kriese
Titelbild: Frank-Rudolf Pulz
Illustration: Frank-Rudolf Pulz
2009
ISBN 978-3-86812-181-0

www.mauerverlag.de

Inhalt

Alternatives Leuchtmittel ohne Zufuhr von Elektroenergie

nur bedingt umweltfreundlich

Man befördert ungefähr 100 ml der asiatischen Würzsauce **Ketjap – Manis**
(es geht auch Ketjap – Asin) in ein Dip – Gefäß.
Dann schäle der irrwitzige Koch viele **Knoblauchzehen**, mindestens aber 5, und zerdrücke sie in einer entsprechenden Presse. Oh ja – ich weiß, Profiköche werden jammern ob des schnellen Verfliegens der ätherischen Öle bis hin zum Jupiter! Sollen sie den Knoblauch meinetwegen mit dem Messer klein schneiden – wird aber gequetscht besser, das Zeug!
Und nun rein mit dem Knoblauch in den Ketjap. Dazu ein paar Spritzer **Zitronensaft**.
Mit einem chemikalienresistenten Löffelchen umrühren und in der abgedunkelten Küche
zum Munde führen. Leuchtet es vom Löffel aus, war alles richtig. Es haut einen um, und eine neue Sucht ist entstanden.
Diesen Knoblauchdip kann man zu allen Gerichten und auch pur genießen. Schokolade allerdings geht nicht!
Er hält auch gekühlt bis zum nächsten Klimawandel!
Und er ist gesundheitsfördernd für den Esser. Für seine Mitmenschen stimmt das nur, wenn sie auch davon kosten!

10

Bakterien und andere Mikroorganismen mögen ihn nicht.

Zu Risiken und Nebenwirkungen fragen Sie Ihren Koch oder die Küchenhilfe.

Küchen Kurz-, Weis- und Plattheiten

Kommst du mit dem Sieb nicht gleich zu Potte - nimm doch deine flotte Lotte.

Ist die Farbe deines Puddings schwach, - schmeiß ihn weg und füll nichts nach.

Wenn ein Koch sagt, es ist durch - meint er nicht den Verdauungsprozess.

Bei mancher Speise ist nicht klar, wo einst ihre Seele war.

Nach einer knappen Stunde hat ihn fertig jeder Dödl - den Serviettenknödl.

Freudig wartet schon der Pfannenboden nach dem Stierkampf auf die Hoden.

„Hoppla“, sagt das Frischgemüse - und verlässt schnell die Kombüse.

Der Smutje hat den Rum gesucht - wofür er wurd` vom Chief verflucht.

Viele Köche sind vom Kochen frei - und frittiern schon mal ein Hühnerei.

Das Kloßmehlpulver ist ganz funny, kommt es in die Tüte rein zu Pfanni.

In der Küche: Ohne das beliebte Butterbrot - wär` so mancher Koch schon tot.

Im Restaurant: Ohne das beliebte Butterbrot - wär` so mancher Gast schon tot.

So mancher Sternekoch litt schon unterm Testerjoch.

So mancher Mensch von übler Sorte - macht trotzdem eine gute Torte.

Intellektuell lobenswerter Kochspruch:
Was ich nicht weiß - mach ich nicht heiß.

Der Kakadu, der Kakadu, der kuckt so gern beim Kochen zu.
Er sollte lieber kräftig hoffen, dass er nicht wird vom Beil getroffen.

Manche Köche lässt das Kochen kalt - solang der Gast den Fraß bezahlt.

Und des Restaurantleiters Frau, lässt schon mal raus, die Sau.

Hat das Tier dann einen sitzen - kommen gleich die Ferkel an die Zitzen.

Frisch gebackne Gänsehaut wird schon gerne mal geklaut.

Kahn stand im Tor und ließ nix rein - bei mancher Suppe muss das auch so sein.

Knoblauchsenf und Apfelmus - ans Gericht muss ran, was muss.

Kinder essen gerne Nudeln - wenn dabei die Glotzen dudeln.

Biosaft und Freilandei macht den Kopf vom Hirne frei.

Kein Tiertransport ohne Ökofutter!

Biosaft und Sojabrot - und der Mensch geht trotzdem tot.

„Kuck mal", sagt die Sojabohne - „Auch der Gen-Mais ist nicht ohne!"

Atomarer Riesenspargel - ist so manches Sarges Nagel.

Auch der größte Sternekoch - hat im Bratschlauch nur das eine Loch.

Knoblauchzeh' und Ingwerspäne - fördern die Gesundheit unserer Zähne.

Auch die Verdauung ist recht angetan - nur die Umwelt mag nicht solchen Wahn.

Hat er endlich aufgekloppt sein Ei - geht ihm glatt das Salz vorbei.

Ist der Smutje erst besoffen - ist auch die Kombüse wieder offen.

Ist die Küche mölig - passt gut auf - ist auch der Boden ölig!

Fällt der Lehrling in die Kasserolle - ist der Koch außer Kontrolle.

Hat der Koch die Mannschaft fest im Griff - fährt der Käptn übers Riff.

Pichelsteiner Topf und Alkohol - macht die Kranken wieder wohl.

Kabeljau und roter Barsch sind mit viel Salz ganz schnell im Arsch.

„Vorsicht“, sagt die Flunder - „Die meisten Köche machen eh nur Plunder.“

„Hoppla“, sagt das Wachtelei - „Nach dem Kochen ist der Spaß vorbei.“

Ökoquark und Tofubrei - macht die Menschen nicht von Blödheit frei.

Falscher Koch im Speisesaal - ist wie süß gefüllter Räucheraal.

Ist die Frikadelle in der Zitadelle - kommen die Buletten, um sie schnell zu retten.

Auch der Kochklops ahnt den Ärger - den er kriegt gleich - mit dem Königsberger.

Der Ökohahn, der Ökohahn - hält gar nichts mehr vom Rinderwahn.

Ist der Weihnachtsbraten mal missraten - hilft dir eine Burger - Kette mit `ner platt gewalzten Rinds-bulette.

Schwingt der Guido seine Kelle - gibt's am Bodensee `ne Monsterwelle.

Fertigbrei und Tütenknödl - nicht mal das schafft jeder Dödl.

Von Gourmet - Chinesisch aus der Pappe - hat der Ami seine große Klappe.

Ein großer Koch lässt sich gerne feiern - sei`s auch nur mit ganz kleinen Eiern.

Einst kam der Koch zum Herrn - heut hat man`s andersrum ganz gern.

Was schon die Oma wusste - kleine Köche ham die größte Kruste.

Tief geflog`ner Flugzeugknall - bringt den dicksten Koch zu Fall.

Nicht jeder Pseudoprominente - ist so schlau wie eine Peking – Ente.

Auf Grundeis geht dem Koch die Düse - läuft das Wasser in die Kombüse.

„Stopp", kräht laut das Suppenhuhn, „Haltet ab den Koch von seinem Tun."

Nein, der Koch geht nicht zum Frisör! Er trinkt lieber noch Likör.

Rot ist nicht nur die Tomate – nein, auch der Hummer, dieser kleine Dummer.

Hat der Koch den Topf schön voll, hilft ihm noch der Alkohol, sich mit den Gewürzen mutig in Verfeinerung zu stürzen.

Zieht ein Gast die Lippen runter, war wohl doch viel von dem Salz darunter. Um den Umsatz noch zu retten, verfällt der Koch ins riskante Wetten. „Wer mit Grinsen löffelt aus den Topf, ist der Sieger und zahlt erst mal den Pott. ". So ist die Sache nun vollkommen und der nächste Tag kann kommen.

Stralsund. Die ganze Welt soll`s endlich wissen, dass der Hering Bush wollt gar nicht küssen. Der nämlich war in seiner Not schon viele Wochen tot.

Kräuterschnaps und Gänsebraten sind zwei von den guten Taten.
Doch in der Küche, da gibt's nicht nur die Wohlgerüche.
Ist derweil die Gans verbraten, wissen wir, wie`s riecht, bis in den Garten.

In die schnöde Werkskantine kam schon manche flotte Biene. Doch dort zu essen war nicht ihr Sinn, damit sie weiter bleibt schön dünn. Das wieder macht den Koch ganz öde, denn er kocht nicht gern für Blöde. Mit leicht saurem Blicke, warf er sie also raus, die dürre Zicke.

Ja, so mancher Restaurantinhaber bestellte schon zu viele Küchenschaber. So ganz leicht verkalkuliert, ist ihm dann die Küche abgeschmiert. Die Köche könnten das Geschäft noch retten, wenn sie die Geräte schnell verwetten.

Zeitungsente. Flugente von suizidgefährdetem Partner zum gemeinsamen Landeanflug in vorgeheizte Backröhre überlistet.

Laut wissenschaftlich untermauerter Aussage des berühmten Klima- und Politologen Professor Warmblüter, wird es in naher Zukunft Eisbein und Sauerkraut nur noch ab dem Polarkreis geben.

Handgeschmiedete sudetendeutsche Sättigungsbeilage aus Erdäpfeln

die sicher auch anderswo beheimatet ist

Zuerst erwerbe man festkochende **Erdäpfel** (hierzulande als **Kartoffeln** gelistet). Ob die nun Bio, Öko, freilaufend sind oder aus Bodenhaltung stammen, entscheidet der jeweilige Fimmel des Koches. Für vier Mitesser (also für 5 Personen) wähle man ca. 10 Exemplare aus, und koche sie besser am Tag vor ihrer weiteren Verarbeitung durch und lasse sie erkalten.

Am Tage danach pellen und zerquetschen, entweder ökologisch mit einer Gabel oder mechanisch mit einer Presse , bloß nicht elektrisch, denn das wäre ja nicht ökologisch! Die Quetschung in eine große Schüssel platzieren und salzen. Ungefähr einen Teelöffel **Salz**.

Vorher aber den Tee wegwerfen! Was für ein Salz man nimmt, ist doch heutzutage klar, oder was? Meersalz, nimmt der trendige Koch. Ich nicht!

Dazu eine gute Hand voll **Hartweizengrieß.** Jetzt braucht man noch **Weizenmehl** (Typ 405).

Ich will nicht darüber philosophieren, aus welcher Anbauart das Mehl stammen sollte. Auf keinen Fall jedoch aus dem Gewächshaus! Also etwa 5 Hände voll Mehl dazu und kneten und beten, dass es ein guter Teig wird. Man erkennt eine guten Teig daran, dass er nicht mehr an den Händen klebt. Notfalls etwas mehr Mehl dazu geben und auf einem bemehlten Brett weiterkneten. Vorsicht, bitte kein von Bakterien besiedeltes schlimmes Küchenbrett nehmen, dass der Restauranttester Krach schon aussortiert hatte!

Nebenbei sollte schon ein Topf mit gesalzenem **Wasser** kochend bereit stehen. Jeder sollte wissen, ob er bei Mondschein abgefülltes Quellwasser, oder einfach sein Leitungswasser benutzen möchte. Ich nehme Letzteres. Den Teig mit bemehlten, aber ansonsten sauberen Händen zu Knödeln (oder Klößen oder Kugeln oder was) von ca. 6 cm Durchmesser formen. Diese müssen dann ins Wasser. Erst gehen sie unter, dann müssen sie hoch kommen, wie eine Leiche. Das Wasser darf nur noch leicht simmen (Stufe 2 bis 3). Nach ca. 25 Minuten sollte man einen Test machen. Dazu braucht man einen Spagat (einen 35 cm langen dicken Zwirnsfaden oder Ähnliches). Einen Kartoffelknödel nimmt man aus dem Wasser auf das Brett und halbiert ihn mit dem Spagat. Die Gebrauchsanleitung des Bindfadens will ich hier nicht geben, denn die Leser sind sicher Fachleute. Wenn nicht, Messer nehmen – besteht allerdings die Gefahr von Quetschungen, am Knödel!

Ist er durch, können sie alle raus. Ein wenig abdampfen lassen und ganz, oder vom Spagat geteilt, ab auf den Esstisch.

Die Kartoffelknödel passen gut zu Braten, Gulasch, oder auch zu warmem Obst (mag ich allerdings nicht).

Die Medien und die Köche - Die Köche und die Medien - und dazu die Zuschauer und - hörer

Küchenschlacht und Kocharena sind das neue Beuteschema.
Dienen sie doch den Fernsehquoten – besser wär´s jedoch, sie wär`n verboten.

Bio`s „Hmm.. " – Gesülze geht dem Wald schon auf die Pilze. Kommt der Sass dann noch dazu - hilft nur raus und Türe zu!

Kochschamane, Werbefuzzi, Fußballgott - Alles kommt in einen Pott - noch dazu die Knoblauchzeh - fertig ist er, unser Kerner B. .

Ausgekocht in diesem Sud, tut ihm jede Sendung gut.
Das diesen Quark so viele glotzen - ich säß `dabei und konnte ....!

Die Fernsehköche haben nichts zu lachen. Von all`den Sachen, die sie in die Töpfe schmeißen, würden wir gern wissen, wie sie heißen.
Da fängt es an. Mit dem Fernsehen kann man Leute zwar betrügen, aber leicht ist`s nicht, den Fisch zum Hühnchen umzulügen.

Falsche Köche treten gern im Fernseh`n auf – und tun, als hätten sie wer weiß was drauf.
Namen will ich hier nicht nennen, aber wer kurz nachdenkt, wird sie kennen.

Mancher Sterne- oder Fernsehkoch hat inzwischen schon entdeckt, wie viel Geld da in der Werbung für ihn steckt.

Ist der Spot auch noch so dumm, für viel Geld macht er sich gerne krumm.
Ich will hier keine Namen nennen- doch mit ein wenig Mut – gehen die Lichter
an und hoch der Hut!

Derzeit, so geben uns die Medien kund – ist selber kochen sehr gesund.
Das kommt nicht etwa aus der Mitte der Bevölkerung nach oben – nein, das haben sie uns untergeschoben. Das man viel Schotter damit machen kann, lockt gierig manches Medium an.
Ein Sender ohne Fernsehkoch ist derweil wie ein schwarzes Loch.
Gott sei dank ist manches noch ganz heil - denn nicht alle Sterneköche sind so mediengeil!

„Gesundes“ Essen zieht man vor den „kranken“ Speisen - das wollen uns Reporter oft beweisen. Gesunde und vernünftige Reportagen sind auch besser, als die falschen und die kranken.
Nur, finden die recht selten statt, und der viele kranke Unsinn macht uns vorher satt.

Biolek, sagt man, hat's erfunden, Pfeffer der muss raus aus Riesenmühlenrunden und kann das nicht sein, ist nichts im Lot und er fast tot.

Wenn Köche viel schwätzen

Sehr vielen Köchen fällt es schwer, richtig zu erkennen die vielen Tiere aus dem Meer.
Wer dauernd so nur Unsinn quasselt, hat auch ganz leicht den Gang vermasselt.

Auch wenn es anders oft behauptet, ist der Hummer kein Fisch und der Seeteufel kommt auch nicht aus der Hölle.

Bevor der Unsinn dann zum Himmel stinkt, muss es sein, dass der Chef den Koch zur Weiterbildung zwingt!

Wer Schnecken kennt und sie dreist Muscheln nennt,
ist biologisch dumm - läuft aber trotzdem massen-
weise frei herum.

Auch die meisten Krebstierarten müssen lange war-
ten, bis jeder Idiot begriffen hat, dass sie
und auch die Kraken nicht unter „Fisch“ stehn dür-
fen auf den Speisekarten.

Das Wal – Problem ist fast vom Tisch. Nur wenige
Idioten glauben noch, er sei ein Fisch.
Nur Tiere ohne Knochen und Gräten werden sich
damit wohl verspäten.

Nationale und internationale Spezialitäten

Das Labskaus ist den meisten Deutschen wohl ein Graus. Doch im Norden, dicht am Watt, isst man sich gerne daran satt.

Das Eisbein mit dem Sauerkraut, wird hierzulande oft verdaut.
So mancher mag es jedoch missen - derweil er findet es besch... .

Der Mecklenburger, flink und schlau, lässt schon mal fix raus, die Sau.

Das altbekannte Senfei spaltete schon immer die Gemüter.
Die einen meinen, in Europa gehöre es verboten - die anderen stünden auf dafür, sogar noch von den Toten.

Auch der Pommer ist nicht nur Gourmet im Sommer - auch im Winter haut er sich den Hering hinter.

Der Norweger, groß und schal, mag am liebsten seinen Wal.
Der Wikinger groß und Augen blau, mag am liebsten Kabeljau.

Sogar die Iren haben Spaß mit ihren Tieren. In den Topf darf Fisch nur selten rein, dafür aber die Languste mit `ner feinen Guinnes – Kruste.

Nur in Schottlands feiner Küche entsteh`n aus Nichts Wahnsinnsgerüche.

So kann es schon mal kommen, dass ein ganzer Reisebus auf sechs Brötchen starren muss.

Wenn die Huskies grausig jaulen, holt der Eskimo den Seehund raus, den faulen.

Die auf Island Geborenen, essen gerne Hai – gegorenen. Aber am Sonntagstisch gibt's dann lecker Trockenfisch.

Auch in dem kleinen Dänemark, da isst man nicht nur Ökoquark. Mit Snaps gefüllter Tofuquark, machte einst schon Erik stark.

In Frankreich, in der Legebatterie, da macht der Ökobauer seinen Bio – Brie.

Der Franzose kennt in seiner Küche die verschiedensten Gerüche. Schnecken, Frösche, allerlei Getier und viele Fische landen bei ihm auf dem Tische.

Frisch gegarter Hammelhoden gehört zu des Mongolen Kochmethoden.

oder

In der Mongolei kennt man zwar das Hühnerei - aber keine Renekloden.
Dafür aber gibt's am Festtag Hammelhoden.

Keiner weiß, warum man anderwärts von Hochlandkäse spricht und man in Holland nirgends Tieflandkäse kriegt.

Ein Esel ist, wer heut noch denkt, in der Salami sei sein Fleisch versenkt.

In den fernen Anden, hört man, sollen auch mal Kamele in dem Kochtopf landen.
Für einen solchen Lamabraten kann man schon mal sein Leibgericht verraten.

Russische Pelmeni mag sie nicht, die Reni. Dafür aber schmeckt ihrem Freund, dem Horscht, der Borscht.

Sagt der Italiener- „ Nee mein Kleener - Bratwurst ham` wir nicht. Bei uns da gibt's nur Pasta - basta."

Jsch ham gar net gwuscht, dass Galaschnikow kee Gulasch ischt !
Russisches Kochbuch

Zukunftweisendes alkoholisches Mixgetränk - Ein 149 er –

eigene Kreation, weltweit noch unbekannt

Man braucht lange Gläser und **einen** gut funktionierenden Daumen. Der Barmixer fülle als Grundlage allen Glücks einen Daumen breit **Wodka** in das Glas. Dann darauf einen Daumen breit **Madeira**. Vier Daumen (wer die nicht hat, braucht einen Partner oder eine Partnerin) breit muss nun **schwarzer Johannisbeersaft** oben drauf. Als Spitze des Geschehens einen Daumen breit (das geht wieder allein) **Apfelsaft** in das Glas. Keiner soll sagen, dem Getränk fehlen die Vitamine! Nun sollte man **Eis** besorgen. Der Klimawandel oder was so oft beschworen wird, um alle zu verwirren, verbietet, Gletschereis zu nehmen! Also zwei Stückchen aus dem eigenen Küchengletscher in das Glas. Nun ein wenig (!) rühren und

- trinken. Mit oder ohne Halm. Aber am besten im Stehen. Denn wenn man aus dem Sitzen danach aufsteht, merkt man erst, dass da Alk. im Spiel war. Der schmeckt so niedlich und zutraulich, dass man ihm die verheerende Wirkung vorher nicht abnimmt.

Außerdem ist das Getränk sehr daumenabhängig! Mancher hat einen großen und manch einer eben einen kleinen – oder so was.

Wohl bekomm`s !!

Dieses Getränk entsprang meinen Sinnen, als bis zu einem für mich freudigen Ereignis noch genau 149 Tage übrig waren und den Tagesangeboten unseres Kühlschrankes!

Von Bakterien und anderen Küchenproblemen

Kommt der Hygienekontrolleur gleich mit dem Pasteur - sagt der Koch ganz lapidar im Sitzen – „Sicher ist von gestern Dreck noch in den Ritzen“ .

Schimmelpilz und Küchenschabe sind noch nicht das größte Malheur für den Hygienekontrolleur.
Darmbakterien und faules Obst sind auch kein Mittel für den Trost.
Die Gemeinsamkeit von all den bösen Dingen, kann nach dem Verzehr beim Gast den Darm verschlingen.

Fällt die Spinne in die Soße, schmeißt er weg, der Koch die Spinne
und nicht gleich die ganze Soße.

Wer immer noch denkt, die Küchenschabe sei ein Reinigungsgerät, für den kommt jede Kochschule zu spät.

Sucht der Lehrling die Küchenschaben bei den Reinigungsgeräten - wird sich sein Berufsabschluss wahrscheinlich stark verspäten.

In der schönsten Profiküche stau'n sich schon mal verschiedenste Gerüche.
Bevor die Gäste es erraten, dass sie nicht vom Wach-

telbraten, muss der Lehrling sie verteilen und ganz schnell nach draußen eilen.

Nach peniblem Hände waschen sollte sich das Personal bedanken - seine Gäste gehören noch nicht zu den Amöbenkranken.

So manch marodes Schneidebrett, nimmt nicht nur auf das böse Fett, sondern ist für viele von den Mikroben, auch ein wunderbarer Platz zum Toben.

Ist die Brühe schon leicht sauer, sollte man sich schnell entschließen, sie gleich wegzugießen.

Riecht der Fisch schon aus der Dose - geht er nicht mehr auf den Teller oder manche Gäste laufen schneller.

Teufelskreis. Um sich für das letzte Unwohlsein zu rächen, kreisen alle Lappen auf den verkeimten Flächen, und die Masse der Mikroben wird so in die Luft gehoben.
Fallen sie dann wieder runter, geht ein Teil von ihnen fröhlich in der Suppe unter.

Damit Keime sich ganz schnell vermehren, muss man nur richtig mit dem Besen kehren.
Denn, wenn sich Staub und Luft vermengen, beginnen zwar Gefäße sich beim Chef zu engen, die Keime, die dann in die Töpfe fliegen, werden aber ganz schnell Nachwuchs kriegen.

So mancher schimpft auf seinen Bäcker, war'n doch die Eclair nicht einfach nur ganz lecker,
nein - sie enthielten auch noch Salmonellen - wodurch der Kunde wurde Einer von den Schnellen.
Nach Tagen auf der Intensivstation, war er wieder gesund, der arme Sohn.

Feuchtwarme Küchenoberflächen, leicht durchsetzt mit Nährstoffteilen, bringen jeden Keim dazu, sich schnellstens immerfort zu teilen.

Setzt man diesem Treiben jetzt nicht entschieden halt, wird diese Kneipe nicht mehr alt.

Feuchtwarme Witterung bis in den Aufbewahrungsraum - sind der Schimmelsporen schönster Traum.

Das Probieren mit allen Vieren ist nur dann erlaubt, wenn man sich ungesehen glaubt.

Frisst der Rost sich durch den Küchenschrank - ist nicht bloß die Köchin krank.

Hat der Schimmel schon die Wand gefressen - gibt's wohl selten noch gesundes Essen.

Küchenpolitik und ihre Akteure

Geht der Grüne von der Bühne, lockt der Braten in den Katen,den man leicht als Brüssel und Europa kann erraten.

Ausgebrannt und ausgekocht wollt' er geh'n - hat nichts mehr gemocht.
Doch das war nur eine Finte – tief im Süden schwingt er jetzt als Chef die Tinte.
So ausgekocht war noch kein Knochen.

Um Probleme auszusitzen, gehörte Kohl zu den absoluten Spitzen.
Spitzkohl und Pommfritten werden nun regiert von Frau (`n) mit ....

Grüne Kräuterfee aus deutschen Landen strebt aus Angst vor Altersarmut mit sämtlichen Kleingewürzen Richtung Europaparlament, um den Gurken dort die richtige Krümmung zu erläutern.

Zeitungsmeldung: Dumm jubelnde Masse der Kohlköpfe in freudiger Erwartung ihrer neuen Erntemaschine!

Zeitungsmeldung: Frisch gepresster Volkessaft in Form von Transfusionen für Not leidende Geldsäcke und zur Aufbesserung deren Windbeutel!

Mit Sahne-Ei legiert der Minister seine Suppe - so wie mit geistesschwachen Sprüchen seine Truppe.

Fast so ähnlich wie die Polizei, heißt ums Mittelmeer herum ein gelber Mais-Grieß-Brei.

Wie ein junges Restaurant unter Leid und Schmerz des Chefs und des Chefkochs ungewollt zum Erlebnisrestaurant wurde

Die kleine Ursache:

Kochlöffel trifft Wachtelkeule.

Die schweren Folgen:

Das daraus entstehende Geheule - weckt beim Bauern eingeschlafne Gäule.
Diese rasen nun mit lautem Knall – raus aus ihrem Stall.
Vereint die Servicekräfte sich verfieren – und den Gästen waagerecht – im Fall – servieren.
Die Gäste, indes in sich zerrissen, manche finden es beschissen. Andere vermuten,
alles ist zu ihrem Guten.
Eingeübt vom Chef und seinen Stuten.
Da das Essen auch noch schmeckt, ist Interesse schnell geweckt.
Für den nächsten Restaurantbesuch – setzt man nun voraus –
einen zweiten Aktions-servier-versuch.
Ist der Abend dann gelaufen, fängt der Koch gleich an zu saufen.
Kommt dazu das Personal – wird die Feier offen und der Chef ist schwer betroffen, wie die Stim-

mung plötzlich wankt und wippt, bis fast jeder aus den Latschen kippt.
Da die Feier in der Küche tobte – und der Chef den Koch nicht lobte,
schmeißt dieser mit Geheule in die Luft die schon erwähnte Keule.
Diese fliegt zum Fenster raus unter viel Klirren,
um sich dann beim Chef im Cabrio zu verirren. Als der abgeholt von der Frau – und sich
setzt mit seiner Hose auf die Keule – diese Lose schwört er Rache mit Gekrache.
Um die Gäste zu umsorgen – kamen alle pünktlich wieder dann am nächsten Morgen.
Als die Gerichte schon fast fertig waren, nahm der Koch mit großer Kelle
noch ne Probe von `ner Suppe.
Ausgerechnet war es jene Stelle, aus der der Chef in der Nacht eine Falle hat gemacht.
Die schon erwähnte Wachtelkeule löste wieder aus wildes Geheule –
als der Koch - unter Wahnsinns – Applaus - auf ihr rutschte durch den Gastraum
raus bis auf die Kutsche.
Nicht nur schon erfahrne Gäste standen voller Achtung über diese neue Aktion

des inzwischen landesweit bekannten
Erlebnisrestaurants
„Zur wilden Wachtelkeule“

von ihren Plätzen auf und johlten, als die Köche ihren Chefkoch holten.

Was indes passierte, nachdem der Koch durch sein Geheule wach machte des Bauern Gäule ...
das, na ja ...

linguistischer Küchenunsinn

Sagt jemand heute „Kaffee zum Mitnehmen" –
muss er sich fast schon schämen.
Ich sage ihm : Dem ist nicht so!
„Coffee to go" gehört höchstens nach Soho.

Den „Coffee to go" schütt` ich gleich ins Klo.
Und lass` mir's dann nicht nehmen,
einen Kaffee mit zu nehmen.

Das gesamte Zeug des „Fast Food" steck dir an den Hut.
Schnellimbiss müsst` es hierzulande heißen –
würden wir auf das Englisch sch...!

So mancher denkt, er wäre cool,
trinkt er `nen „Drink" in seinem „Pool".
Ein Mischgetränk im Schwimmbad – ist ihm sprachlich viel zu fad.
Nennt ihn dann „Shake" irgendein Dummer –
ist er wieder froh in dieser Nummer.

Das heißt nicht „Sterne – Küche" – sondern „Star – Kitchen" !
Es sei denn, du bist einer von den Guten –
die lassen sich das Hirn nicht fluten.

Auch die Parole „All you can eat“ ist hier bei uns der größte
Sprachen – Schiet!

Manch einer findet sich so cool,
sagt er zum Becken einfach Pool.
Das es noch viel Dümmer geht, weiß inzwischen jedes Huhn.
Als „Chicken“ muss es seinen Dienst jetzt tun.

Von muffins, chicken wings and water
quatscht gern manch wichtiger Reporter.
Inzwischen hat er ganz vergessen –
wie`s auf deutsch heißt – dieses Essen.

Muffins, chicken wings and water – stammen von der Ami – Doughter.
Kuchen, Hähnchenflügel und das Wasser –
nennt sie dann der heimische Verfasser.

Eine Einladung zum „candlelight dinner“ erfolgt hierzulande nur von einem Sprachenspinner.
Wir hier laden ein, zu einem schönen Abendessen bei Kerzenlicht, in ein Restaurant, ganz dicht.

Nachwort

Ich bedanke mich bei allen, die mir geholfen haben, dieses Büchlein auf den Weg zu bringen. Meiner Tochter Hanka Gatter danke ich besonders für die Lektorenarbeit.

Die vorliegenden Sprüche sind ausschließlich satirisch-witzig gemeint und spiegeln nur die derzeitige Sicht des Autors wider. Der Leser kann, muss aber nicht, dieselbe Meinung haben.